CATALOGUE

DE

MONNAIES

GRECQUES & ROMAINES

ET DE

MONNAIES DU MOYEN-AGE

FRANÇAISES ET ÉTRANGÈRES

Composant le cabinet de feu M. François MARGUIÉ

DONT LA VENTE AUX ENCHÈRES PUBLIQUES AURA LIEU

HOTEL DES COMMISSAIRES-PRISEURS

RUE DROUOT, N. 5

SALLE Nº [illegible] BIS

Le Vendredi 23 Avril 1858 et jours suivants

Par le ministère de Mᵉ **Auguste PIGEAUX**, Commissaire-Priseur,
Boulevart du Temple, 10.

EXPOSITION PUBLIQUE
Le Jeudi 22 Avril 1858.

LE CATALOGUE SE DISTRIBUE :

ROLLIN, Expert, rue Vivienne, 12.
Auguste PIGEAUX, Commissaire-Priseur, boulevart du Temple, 10.

1858

CATALOGUE

DE

MONNAIES

GRECQUES & ROMAINES

ET DE

MONNAIES DU MOYEN-AGE

FRANÇAISES ET ÉTRANGÈRES

Composant le cabinet de feu M. François MARGUIÉ

DONT LA VENTE AUX ENCHÈRES PUBLIQUES AURA LIEU

HOTEL DES COMMISSAIRES-PRISEURS

RUE DROUOT, N. 5

SALLE N° 5 BIS

Le Vendredi 23 Avril 1858 et jours suivants

Par le ministère de Mᵉ **Auguste PIGEAUX**, Commissaire-Priseur,
Boulevart du Temple, 10.

EXPOSITION PUBLIQUE
Le Jeudi 22 Avril 1858.

LE CATALOGUE SE DISTRIBUE :

Chez MM. ROLLIN, Expert, rue Vivienne, 12.
Auguste PIGEAUX, Commissaire-Priseur, boulevart du Temple, 10.

1858

CONDITIONS DE LA VENTE

Elle sera faite au comptant.

Les acquéreurs paieront en sus des adjudications, CINQ pour cent applicables aux frais.

CATALOGUE

DE

MONNAIES

GRECQUES ET ROMAINES

MÉDAILLES GRECQUES

1. **Gauloise.** Tête à droite avec de longs cheveux frisés. ℞. Cheval libre; au-dessus, un filet. Or. 1 p.

2. — Instruments divers. ℞. Cheval au galop; au-dessus, une rouelle. Or. 1 p.

3. — Deux têtes accolées. ℞. BIAT... Cavalier tenant un rameau; médaillon. AR. 1 p.

4. **Marseille**, grand et petit module. 5 p. d'argent et une en bronze, des Lexovii.

5. **Campanie, Naples**. Tête de femme. ℞. Bœuf couronné par la Victoire. AR. 3 ps.

6. — Tête tourellée de femme. ℞. ROMA. Cavalier au galop. (Belle patine.) Tête casquée. ℞. Buste de cheval. *Æ*. 2 p.

7. **Calabre, Tarente**. Arion sur le dauphin. ℞. Roue, cavalier. Diota petit module. AR. 5 ps.

8. **Lucanie, Héraclée.** Hercule étouffant le lion; tête de face. ℞. Lion; petit module. *Métaponte*. Epi en relief. ℞. Epi en creux. 3 ps. AR.

9. — *Posidonie.* ΠΟΣΕΙ. Neptune tenant le trident ℞. ΠΟΣΕΙ. Bœuf, grand et petit module. AR. 3 ps.

10. — *Vélie.* Tête casquée à dr. ℞. VΕΛΗΤΩΝ. Lion; pièce semblable avec la tête casquée à g. 2 ps. AR.

11. **Bruttium.** Tête de la Victoire. ℞. ΒΡΕΤΤΙωΝ. Bacchus nu se couronnant. AR. 3 ps.

12. — Tête barbue casquée. ℞. ΒΡΕΤΤΙωΝ. Pallas marchant armé d'un bouclier. *Æ.* 1 p. Très-belle.

13. — *Caulonia.* Apollon tenant sur son bras une petite figure; à ses pieds, un cerf. ℞. Même type en creux. Médaillon : Apollon nu, le bras étendu. ℞. Cerf. AR. 2 ps.

14. *Crotone.* Trépied en relief. ℞. Trépied en creux; médaillon et moyen module. AR. 2 ps.

15. **Sicile, Agrigente.** ΑΚΡΑ. Aigle. ℞. Crabe. *Camarina.* Cigne et lézard. ℞. Carré creux. AR. 3 ps.

16. — *Leontini.* Tête d'Apollon laurée. ℞. ΛΕΟΝΤΙΝΟΝ. Tête de lion la geule ouverte; quatre épis. *Messana.* ΜΕΣΣΑ-ΝΙΟΝ. Lièvre courant. ℞. Bige. Médaillon. AR. 2 ps.

17. — *Panorme.* Tête de Cérès. ℞. Cheval; au-dessus, un disque; double statère. AV. 1 p.

18. — — Cheval debout devant un palmier. 1/4 statère. AV. (Un peu martelée.)

19. — — Tête d'Aréthuse entourée de trois poissons. ℞. Buste de cheval; derrière, un palmier; au-dessus, une lettre Phœnicienne; médaillon. AR. 1 p.

20. — — Tête de Cérès à g. ℞. Cheval debout devant un palmier; une lettre phœnicienne. AE. 1 p.

21. — *Syracuse.* Tête laurée d'Apollon. ℞. Trépied. AV. 1 p.

22. — — Tête avec cheveux relevés, entourée de quatre poissons. ℞. Bige ancien style, médaillon et petit module. Tête semblable. ℞. Polype. AR. 4 ps.

23. — — Tête casquée. ℞. Étoile entre deux dauphins, tête casquée. ℞. Cheval marin. *Æ.* 2 ps.

24. **Reine de Sicile, Philistis.** Sa tête voilée. ℞. Quadrige : les chevaux au pas; médaillon. AR.

25. **Thrace, Aenus.** Tête de face de Mercure coiffé du pétase. ℞. ΑΙΝΙΟΝ. Antilope; dessous, un osselet; devant, un diota. Médaillon à fleur d: coin. AR.

26. — — Pièce semblable; enface, l'Antilope; une étoile. Médaillon à fleur de coin. AR.

27. **Roi de Pœonie, Audoléon.** Tête jeune casquée de face. ℞. ΑΥΔΟΛΕ . ΝΤ . Ξ. Cheval marchant à d. Médaillon. AR.

28. **Roi de Macédoine, Philippe II.** Médaillon un peu barbare. AR.

29. — *Alexandre III.* Tête casquée de Pallas. ℞. ΑΛΕΞΑΝΔΡΟ. Victoire. Statère. AV.

30. — *Alexandre III.* Statère d'or semblable.

31. — — Deux tetradrachmes; sur l'un en différent : Pallas avec casque et bouclier. — *Philippe III.* Sa tête laurée. ℞. Cavalier. P. m. AR. 3 ps.

32 **Illyrie, Apollonie**. ΔΩΡΙΩΝΟΞ. Tête d'Apollon. ℞. ΑΠΟΛ. Trois nymphes dansant. ΑΝΔΠΟΜΑΚΟΣ. AR.

33. **Epire.** Tête de Jupiter. ℞. ΑΠΕΙΡΩΤΑΝ. Aigle sur une foudre. AR.

34. **Athènes.** Deux tétradrachmes ancien style; un autre avec ΑΘΕ . ΘΕΜΙΞΤΟ ΘΕΟ . ΠΟΜΠΟΣ . ΜΕΙ. AR. 3 ps.

35. **Ile de l'Attique, Aegine**. Tortue de mer. ℞. Carré creux; petit module, trois *corinthe* avec différents symboles. AR. 4 ps.

36. **Argolide, Argos**. Tête de loup. ℞. A. Dessous un aigle. — *Eubée Histiæa.* Tête de bacchante. ℞. Femme assise sur une proue de vaisseau. 3 ps. R.

37. **Lesbos**. Deux têtes de génisses affrontées. ℞. Carré creux. 2 ps.

38 **Ionie, Samos.** Muffle de lion. ℞. ΣΑ. Partie antérieure de bœuf. Tétradrachme. R.

39. **Carie, Rhodes.** Tête radiée du soleil. ℞. ΕΛΛΝΤΟΣ. ΡΟ. 2 ps. AR.

40. **Rois de Syrie, Tigrane.** Tête du roi avec une tiare. ΒΑΣΙΛΑΕΟΣ. ΤΙΓΡΑΝΟΥ. Femme tourellée assise; à ses pieds, un fleuve nageant. Tétradrachme. AR.

41. — — Pièce semblable. Tétradrachme. AR.

42. **Phœnicie, Tyr.** ΤΥΡΟ. ΙΕΓΑΣ. ΚΑΙ. ΑΣΥΛΟΥ. Aigle. Tétradrachme. AR.

43. **Mésopotamie, Nisibi.** Gordien III et Tranquilline. Leurs têtes affrontées. ℞. CEB. KOΛO. NECIBI. MHTPO. Femme tourellée assise; au-dessus de sa tête, un bélier; à ses pieds, le fleuve Mygdonius. GB.

44. **Rois de Perse, Darius.** Le roi à genoux, tirant de l'arc. ℞. Carré creux oblong. Statère. AV.

45. **Roi Parthe. Arsace VII.** — *Arsace*; incertain. — *Roi de Sassanide*. Sapor Ier. — Varahran II. (De Longperier. Pl. III, No 3; pl. IV, No 2.) AR. 4 ps.

46. **Roi de la Bactrianne, Antimachus.** ΑΝΤΙΜΑΚΟΥ, ΝΙΚΗϕΟΡΟΥ. Victoire tenant une palme. ℞. Légende bactrienne; cavalier. AR.

47. **Roi d'Egypte, Ptolémée Ier.** Tête diadémée du roi. ℞. ΒΑΣΙΛΕωΣ ΠΤΟΛΕΜΑΙΟΥ. Aigle sur une foudre; dans le champ, épi et monogramme. Grand médaillon. AV.

48 — — Pièce semblable; dans le champ, bouclier et monogramme. Grand médaillon. AV.

49. — — Tête du roi. ℞. ΒΑΣΙΛΕΟΣ ΠΤΟΛΕΜΑΙΟΥ. Aigle. P. A. Tétradrachme. AR. — *Ptolémée*; incertain. Tête casquée. ℞. Aigle. Æ. 2 ps.

49. **Reine d'Egypte, Arsinoé Philadelphe.** Sa tête voilée derrière. K. ℞. ΑΡΣΙΝΟΗΣ ϕΙΛΑΔΕΛϕΟΥ. Double corne d'abondance ornée de bandelettes. Grand médaillon. AV. Fl. de c.

50. **Roi d'Égypte. Ptolémée II.** Sa tête. ℞. ΒΑΣΙΛΕωΣ. Aigle. KA. ΠΑ. Tétradrachme. AR.

51. — *Soter Bérénice, Philadelphe* et *Arsinoé*. Têtes accolées de Ptolémée Soter et de Bérénice; derrière, un fer de lance. ΘΕωΝ. ℞. ΑΔΕΛϕωΝ. Têtes accolées de Ptolémée

Philadelphe et d'Arsinoé; derrière, AP en monogramme. Grand médaillon d'or. Fl. de coin.

52. — Médaillon d'or semblable; derrière, la tête de Ptolémée Philadelphe; un bouclier. AV.

53. — Médaillon d'or semblable au précédent. AV.

54. — *Ptolémée VIII. Lathyre.* (Attribution de Mionnet.) Tête du roi radiée; un trident sur l'épaule gauche. ℞. ΒΑΣΙΛΕωΣ ΠΤΟΛΕΜΑΙΟΥ. Corne d'abondance; dans le champ, les lettres ΔΙ. Grand médaillon. AV.

55. **Roi de Mauritanie, Juba jeune**. REX . IVBA. Sa tête. ℞. RXL. Deux cornes d'abondance en sautoir. AR.

56. — *Ptolémée*. Son frère. REX . PTO. Sa tête. ℞. RAVV. Capricorne. AR.

MÉDAILLES DE LA RÉPUBLIQUE ROMAINE

AS PONDERAUX

57. **As.** Tête de Janus. ℞. Proue.

58. — Tête coiffée du bonnet phrygien. ℞. Semblable à l'avers.

59. — Tête coiffée du bonnet phrygien. ℞. Roue à six rayons.

60. — Tête de femme. ℞. Semblable à l'avers.

61. — Têtes imberbes de Janus bifrons. ℞. Tête de Mercure.

62. **Sémis**. Tête de Jupiter. ℞. Proue de vaisseau.

63. **Triens d'Hadria**. Tête de jeune homme. ℞. HAT. Vase à deux anses.

64. — Ancre. ℞. Roue à six rayons.

65. **Quadrans d'Hadria.** Une raie. ℞. HAT. Poisson.

66. — Sanglier. ℞. Sanglier.

67. — Main ouverte. ℞. Semblable à l'avers.

68. — *Velatri.* Double tête imberbe. ℞. FELATPI, en caractères osques. Massue.

69. **Sextans Hadria**. Chaussure HAT. ℞ Coq.

70. — *Velatri*. Double tête imberbe. ℞. FELATRI, en caractères osques. Massue.
71. — Pièce à peu près semblable à la précédente, sans la massue.
72. **Uncia Hadria.** Ancre. ℞. HAT. Un point.
73. — Vase à une anse. ℞. Pedum.
74. **Sextans**. Tête de Mercure. ℞. Proue de vaisseau. — *Uncia*. Roue. ℞. Fer de lance. — *Uncia*. Roue. ℞. Ancre. Ces trois divisions d'as font partie de la série des as frappés.

FAMILLES ROMAINES EN ARGENT

75. **Æmilia**. TER . PAVLUS. — *Acilia*. Hygie. — *Accoleia*. 5 ps.
76. **Æmilia**. Tête de Jules César. ℞. ÆMILIVS . BVCA. 1 p.
77. **Antestia**, **Antonia**. Legion III-V. VII. 5 ps.
78. **Antonia**. Tête de M.-Antoine. ℞. Tête du soleil dans un temple. — Tête de Marc-Antoine. ℞. Tête de Jules-César. 3 ps.
79. **Aurelia**. L . COT. Aigle. — *Caecilia*. A . METEL . PIVS. Sa tête. ℞. SCIPIO . IMP. Eléphant. 3 ps.
80. **Cæcilia.** Tête de femme devant cigogne. ℞. A . C . M . P. I. Eléphant. q. , METEL . PIVS. 3 ps.
81. **Caninia.** Tête d'Auguste. ℞. L . CANINIVS . GALLVS . III . VIR. Parthe à genoux. 1 p.
82. **Carisia.** Sphinx. Globe, gouvernail &c. — *Cassia*. Aigle, temple. LONGINVS. Figure debout. 5 ps.
83. **Cassia**. Lot à peu près semblable. 6 ps.
84. **Claudia**. Cérès debout avec deux flambeaux, croissant et cinq étoiles. 4 ps.
85. **Cælia.** Tête de Caldus. 4 ps.
86. **Considia**. Temple de Vénus Erycine. 3 ps.
87. **Cordia**. Chouette sur un casque. — *Cordia*. Vénus tenant une balance, têtes des dioscures, têtes de l'Honneur et de la Vertu. 6 ps.

88. **Cornelia.** FELIX. Sylla sur une estrade et Bocchus à genoux ; globe et quatre couronnes. PISO CAEPIO. Sa tête. 4 ps.

89 **Cornelia**. Marcellus portant les dépouilles opimes dans un temple, aigle entre deux enseignes, tyrse globe, gouvernail. 8 ps.

89. **Didia**. Temple. 1 p.

90. **Domitia.** Tête d'Ahenobardus. 1 p.

91. **Eppia**. — **Julia**. Double corne d'abondance. — *Fonteia*. L'Amour sur un dauphin. Têtes accolées des dioscures 5 ps.

92 **Furia.** Chaise curule, Victoire couronnant un trophée. 5 ps.

93. **Hosidia**. Sanglier. — *Hostilia*. Tête de la pâleur. 3 ps.

94. **Julia.** Deux captifs au pied d'un trophée, chaise curule. CASAR. Trophée. 5 ps.

95. **Julia.** Deux branches d'arbre, comète. — *Junia*. Tête d'Ahala, tête de Brutus, masque scénique, deux pedum en sautoir. 7 ps.

96. **Livineia**. Tête de Jules-César. R. Bœuf cornupète.

97. — Tête de Régulus. Combat d'animaux. 2 ps.

98. **Lucretia, Mamilia, Manlia, Marcia**. Tête d'Ancus; Satyre portant une outre. 7 ps.

99. **Minucia** Augures, combattants. — *Mussidia*. Tête du soleil de face. — *Naevia, Nonia*. 8 ps.

100. **Papia, Petillia**. Aigle. — *Petronia*. Parthe à genoux. *Plaetoria*. Aigle. 8 ps.

101 **Plaetoria**. Caducée. *Plancia*. — *Plautia*. Char du soleil. *Pompeia*. Trophée maritime. 5 ps.

102 **Porcia**. Victoire assise. — *Procilia*. — *Rutilia*. — *Satriena*. *Sentia*. 8 ps.

103 **Servilia.** Deux guerriers. — *Sulpicia*. Deux guerriers prêtant serment sur une truie. 8 ps.

104 **Thoria Valeria**. Aigle entre deux enseignes. — *Valeria*. Oiseau à tête de femme casquée. — *Vibia*. 5 ps.

105 **Vinicia**. Statue équestre. R. Longue légende sur un cippe.

106 **Vinicia**. Tête d'auguste. ℞. S. P. Q. R. IMP. CAE. QVOD., etc., sur un cippe.

107 **Volteia**. Temple. *Incertaines*. 5 ps.

MÉDAILLES IMPÉRIALES.

108 **Sextus Pompée**. Sa tête. ℞. Têtes affrontées du *Grand Pompée* et de *Cneius*. (Mionnet, p. 87.) Fl. de coin. AV.

109 — Une pièce semblable un peu moins belle. AV.

110 — Pièce semblable. AV.

111 **Juba père**. REX IVBA. Sa tête. ℞. Temple et inscription numidique. 4 ps. AR.

112 **Jules-César**. Sa tête laurée. ℞. Némésis, restitution de Trajan. AV.

113 **Jules-César**. De la famille *Hirtia*. AV.

114 **Jules-César**. ℞. Tête de *Marc-Antoine*.

115 **Marc-Antoine**. ℞. *Tête d'Auguste*. AV. (Famille Barbatia.)

116 — ℞. IMP. CAESAR. Tête nue d'Auguste. AV.

117 — ℞. C. CAESAR. IMP. III. VIR. R. P. C. Tête d'Auguste. AV.

118 **Marc-Antoine**. ℞. Auguste, de la famille Barbatia. AR 4 ps.

119 — ℞. M. SILANVS. AVG. Q. PRO. COS. dans le champ. — ℞. Auguste. — ℞. Auguste. (Famille Gellia.) AR. 3 ps.

120 **Lucius Antonius**. ℞. Marc-Antoine. AR.

121 **Lepide**. ℞. Auguste. AR.

122 — Même pièce. AR.

123 **Auguste**. ℞. S C. Caïus à cheval tenant le lituus. AV.

124 — ℞. IMP. X. Deux figures présentant des rameaux à Auguste. AV.

125 — IMP. CAESAR. Quadrige. ℞. Victoire sur une proue. AR. Fl. de c.

126 — Pièce semblable également à fl. de c. AR.

127 **Auguste**. ℞. Temple orné de statues ; sur le fronton on lit : IMP. CAESAR., à fl. de c. AR.

128 — Pièce semblable également à fl. de c. AR.

129 **Auguste**. ℞. MAR. VLT. Temple rond. — Caïus à cheval. — Bouclier entre deux enseignes. — Temple sur le fronton duquel on lit : DIVO. IVL. 5 ps. AR.
130 **Tibère**. ℞. Auguste avec une étoile sur la tête. AV.
131 — Pièce semblable.
132 — Sans la tête. ℞. DIVO. AVGVSTO. S. P. Q. R. Char traîné par quatre éléphants. — Temple orné de statues. GB. 2 ps.
133 **Caligula**. ℞. *Agrippina Senior*. AV.
134 — Pièce semblable. AV.
135 **Caligula**. ℞. Tête radiée d'Auguste. AV.
136 — ℞. ADLOCVT. COH. L'emp. haranguant ses soldats. GB. 2 ps.
137 — ℞. S. P. Q. R. OB. CIVES. SERVATOS. Couronne civique. GB.
138 **Drusus Senior**. ℞. DE. GERM. Arc de triomphe. AR. Fourrée.
139 **Claude**. ℞. Quadrige au-dessus duquel est un autre petit quadrige. AV.
140 — ℞. S. P. Q. R. P. P. OB. C. S. Couronne. AV.
141 — ℞. DE. BRITANNIS. Arc de triomphe. AV.
142 — ℞. IMPER. RECEPT. Camp des prétoriens. AV.
143 — ℞. Même revers. AV.
144 — ℞. Même revers. AV.
145 — ℞. Tête d'*Agrippine jeune*. AV.
146 — ℞. Tête d'*Agrippine jeune*. AV.
147 **Antonia**. ℞. SACERDOS. DIVI. AVGVSTI. Deux torches. AV.
148 — ℞. CONSTANTIAE. AVGVSTI. Femme debout. AV.
149 — ℞. Claude en grand-prêtre debout. MB.
150 **Drusus Senior**. ℞. Figure assise, etc. GB. *Germanicus*. ℞. C. CAESAR. AVG., etc. MB. 2 ps.
151 **Néron et Agrippine**. Leurs têtes accolées. ℞. L'empereur et l'impératrice assis dans un char traîné par quatre éléphants. Fl. de c. AV.
152 **Néron**. ℞. Rome assise. — ANNONA. AVGVSTI. CERES. L'Abondance et la Fortune. GB. 2 ps.
153 **Galba**. ℞. S. P. Q. R. OB. C. S. Dans une couronne. AV.
154 — ℞. ROMA. RENASC. Rome debout. AV.

155 — ℞. LIBERTAS. PVBLICA. La Liberté debout. AV.

156 — Sans la tête. ℞. SALVS. GEN. HVMANI. Victoire sur un globe. AR.

157 **Galba**. ℞. S. P. Q. R. OB. CIV. SER. Dans une couronne. GB. 2 ps.

158 **Othon**. ℞. SECVRITAS. P. R. La Sécurité debout. AV. Très-beau.

159 — Même revers. AV.

160 — ℞. VICTORIA. OTHONIS. Victoire debout. AV.

161 **Vitellius**. ℞. S. P. Q. R. OB. C. S. Dans une couronne. AV. Fl. de coin.

162 — ℞. Têtes en regard de ses enfants. AV.

163 **Vespasien**. ℞. COS. VIII. Victoire couronnant l'empereur. AV.

164 — ℞. JVDAEA. La Judée assise près d'un trophée. AV.

165 — Même revers. AV.

166 — ℞. TRIVMP. AVG. L'empereur dans un char de triomphe suivi et précédé par plusieurs soldats. AV.

167 — ℞. JVDAEA. La Judée assise près d'un trophée. AR. 2 ps.

168 **Titus**. ℞. COS. VI. Rome assise consultant les augures. AV. 2 ps.

169 — Même revers. AV. 2 ps.

170 — ℞. La Fortune sur un chapiteau de colonne. AV.

171 — ℞. TR. POT., etc. Fleur dans un char traîné par quatre chevaux. AV.

172 — ℞. Ancre et deux dauphins. AV.

173 **Domitien**. ℞. GERMANICVS. COS. XV. L'empereur dans un char à quatre chevaux. AV.

174 — ℞. PRINCIPI. JVVENTVTIS. Deux mains jointes tenant un trophée naval. AV.

175 — ℞. LVD. SAEC. FEC. En trois lignes sur un cippe. AV.

176 — ℞. TR. POT. Tête casquée de Minerve. AV.

177 — ℞. IV. P. P. ITER. CONSERVATOR. Aigle sur une foudre. AV.

178 — ℞. GERMANICVS. COS. XV. Figure demi-nue assise à terre. AV.

179 — ℞. Jupiter assis. — L'empereur à cheval terrassant un ennemi. — Figure sacrifiant près d'un temple. GB. 3 ps.

180 **Nerva**. ℞. CONCORDIA. EXERCITVVM. Deux mains jointes. AV.

181 — ℞. Même légende, deux mains jointes tenant un trophée AV.

182 — ℞. COS. III PATER. PATRIAE. Instruments de sacrifice. AV.

183 **Trajan**. ℞. PROFECTIO. AVGVSTI. L'empereur à cheval et quatre soldats. AV.

184 — ℞. Têtes de Nerva et Trajan père. AV.

185 — ℞. REGNA. ADSIGNATA. L'empereur debout et cinq personnages. AV.

186 — ℞. PARTHICO., etc. Tête du soleil. AV.

187 — ℞. BASILICA. VLPIA. Basilique. AV.

188 — Même revers. AV.

189 — ℞. FORVM. TRAIANI. Le Forum. AV.

190 — ℞. La Fortune debout. — Captif assis sur un bouclier au pied d'un trophée. GB. 2 ps.

191 **Plotine**. ℞. Trajan. — Fl. de coin. AV.

192 — Même revers. Fl. de coin. AV.

193 **Matidie**. ℞. Plotine. AV.

194 **Matidie**. ℞. PIETAS. AVGVST. Femme avec deux enfants. AV. Très-belle.

195 **Hadrien**. ℞. COS. III. Louve et les deux enfants. AV.

196 — Même revers. AV.

197 — ℞. Tête de Trajan. AV.

198 — ℞. ORIENS. Tête radiée du soleil. AV.

199 — Même revers. AV.

200 — ℞. AEGYPTOS. L'Égypte couchée. AV.

201 — ℞. NILVS. Le Nil couché devant un hippopotame. AV.

202 — ℞. Même revers, mais sans légende. AV

203 — ℞ RESTITVTORI. ACHAIAE. L'empereur relevant l'Achaïe. AV.

204 — ℞. COS. III. L'empereur à cheval. AV.

205 — ℞. VOTA. PVBLICA. Un sacrifice, quatre personnages et la victime. AV.

206 — ℞. ROMAE. AETERNAE Rome assise sur des armes. AV.

207 — ℞. Hercule de Gades dans un temple distyle. AV.

208 — ℞. HERC. GADIT. Hercule de Gades debout, à ses pieds un fleuve et une proue de vaisseau. AV. Très-belle.

209 — ℞. Rome nicéphore assise. — FELICITATI. AVG., etc. Galère avec des rameurs. GB. 2 ps.

210 **Sabine**. ℞. IVNONI. REGINAE. Junon debout. AV.

211 — Avec un diadème. ℞. VESTA. Vesta assise. AV.

212 — Coiffure ordinaire. ℞. Vesta assise. AV.

213 — ℞. La Concorde debout. — La Concorde assise. — Junon. — Vénus. AR. 4 ps.

214 **Aelius**. ℞. PIETAS. Figure voilée sacrifiant. AV.

215 **Antonin.** ℞. TEMPORVM. FELICITAS. Deux cornes d'abondance surmontées de deux têtes d'enfant. AV.

216 — Même revers. AV.

217 — ℞. TR. POT. COS. IIII. Rome nicéphore assise. AV.

218 — Même revers. AV.

219 — ℞. PIETATI. AVG. COS. IIII. Femme debout et trois enfants. AV.

220 — ℞. LIB. IIII. L'empereur sur une estrade et deux figures. AV.

221 — ℞. Tête de Marc-Aurèle jeune. AV.

222 — Même revers, la tête d'Antonin est à gauche. AV.

223 — ℞. Consécration, mausolée. AV.

224 — ℞. Tête de Marc-Aurèle jeune. — Modius. — Deux mains jointes. — Consécration, mausolée. — Aigle, etc. AR. 9 ps

225 — ℞. Louve. — Victoire portant un trophée. — La Fortune debout. — Cérès assise. — Mausolée. — GB. 5 ps.

226 **Faustine mère**. ℞. AETERNITAS. L'impératrice dans un char traîné par deux éléphants. AV.

227 — ℞. AETERNITAS. Femme debout tenant une couronne. AV.

228 — ℞. CONSECRATIO Colombe. AV.
229 — Même revers. AV.
230 — ℞. Junon debout. — Cérès assise. — Colombe. — AR. 4 ps.
231 **Marc-Aurèle**. ℞. CONCORDIA. TR. POT., etc. Femme debout et deux enfants. AV.
232 — ℞. SALVTI. AVGVSTOR. Higie donnant à manger à un serpent. AV.
233 — Même revers. AV.
234 — ℞. VIRTVS. AVG. IMP. VI. COS. III. L'empereur passant avec son armée sur un pont de bateaux. Magnifique pièce. AV.
235 — ℞. Consécration, aigle. — Mausolée. AR. GB. 2 ps.
236 **Faustine jeune**. ℞. LAETITIA. PVBLICA. Femme debout. AV.
237 — ℞. IVNO. Junon assise et deux enfants. AV.
238 — ℞. SALVTI. AVGVSTAE. Higie assise donnant à manger à un serpent. AV.
239 — ℞. HILARITAS. Femme debout. — CONSECRATIO. Paon. AV. 2 ps.
240 **Verus**. ℞. L'empereur à cheval terrassant un ennemi. AV.
241 ℞. PROFECTIO. AVG. TR., etc. L'empereur à cheval. AV.
242 — ℞. REX ARMEN. DAT. L'empereur assis sur une estrade et trois personnages. AV.
243 — ℞. TR. POT. III. COS. II. Femme debout. (Quinaire AV.)
254 **Verus**. ℞. CONCORD. AVGVSTOR. TR. P. II. COS II. Deux figures se donnant la main. GB.
255 **Lucille**. ℞. FECVNDITAS. Femme assise tenant deux enfants. AV.
256 — ℞. VOTA PVBLICA dans une couronne. AV.
257 — Même revers. AV.
258 — Même revers. AV.
259 **Commode**. ℞. VOT. SVSC. DEC. Figure debout près d'un trépied. AV.
260 — ℞. P. M. TR. P. Victoire marchant tenant une couronne AV.

261 — Tête jeune. ℞ DE GERM. Monceau d'armes. AV.

262 — — ℞. L'empereur assis sur une estrade et deux figures debout. LIBERALITAS. AVG. AV.

263 — ℞. Type de la libéralité. GB.

264 **Crispine**. ℞. VENUS. FELIX. Vénus assise. AV.

265 — ℞. CONCORDIA. Deux mains jointes. AR.

266 **Manlia Scantilla**. ℞. Junon debout. GB.

267 **Pertinax**. ℞. PROVID. DEOR. COS. II. La Providence debout. AV.

268 — ℞. LAETITIA TEMPORVM. Cérès debout AV.

269 — ℞. OPI. DIVIN. TR. Femme assise. AR.

270 **Albin**. ℞. La Félicité debout. G. B 2 ps,

271 **S. Sévère**. ℞. LIBERALITAS. AVGGV. La Libéralité debout. AV.

272 — ℞. ADVENTVI. AVG. FELICISSIMO. L'empereur à cheval précédé d'un soldat. AV.

273 — ℞. VIRTVS AVGVSTORVM. Septime Sévère, Caracalla et Geta à cheval. AV.

274 — ℞. Victoire écrivant sur un bouclier. — Neptune. AR. 3 ps.

275 — ℞. P. M. TR. P. XVIII. Rome nicéphore assise, à ses pieds une figure à genoux. MB. Très-beau.

276 **Septime Sévère et Caracalla**. Têtes accolées. ℞. VICTORIA. PARTHICA. MAXIMA. Victoire marchant. AV.

277 **Septime Sévère**. ℞. AETERNITAS. IMPERI. Têtes affrontées de Caracalla et Geta. AV.

278 **Septime Sévère**. ℞. FELICITAS. SAECVLI. Tête de Julia Domna de face, entre les têtes de Caracalla et Geta. AV.

279 **Septime Sévère**. Même revers. AV.

280 **Julia Domna**. ℞ AETERNIT. IMPERII. Têtes affrontées de Caracalla et Geta. AV.

281 **Caracalla**. Tête jeune. ℞. CONCORDIAE. AETERNAE. Têtes accolées de Septime Sévère et de Julia Domna. AV.

282 **Julia Domna**. ℞. MATER DEVM. Cybèle assise entre deux lions. AV.

283 — ℞. Cérès assise. — Junon debout. — PVDICITIA. Femme assise. AR. 3 ps.

284 **Caracalla**. ℞. IVVENTA. IMPERII. L'empereur debout tenant une petite Victoire ; à ses pieds, un captif. AV.

285 — ℞. CONCORDIA. FELIX. Trois figures debout se donnant la main. AV.

286 — ℞. L'empereur à cheval. — Trophée — Figure sacrifiant. AR. — Esculape debout. — Libéralité. GB. 5 ps.

287 **Geta**. ℞. La Félicité debout. AR. — **Diadumenien**. ℞. SPES. PVBLICA. L'Espérance marchant. AR. 5 ps.

288 **Eliagabale**. ℞. P. M. TR. P. II. COS. II. Rome assise. AV.

289 — ℞. PONTIF. MAX. Rome assise. AV.

290 — Même revers. AV.

291 — Même revers. AV.

292 — ℞. LIBERALITAS. AVGVSTI. La Libéralité debout. AV.

293 — ℞. MARS. VICTOR. Mars passant. AV.

294 — ℞. LIB. AVG. II. Type de la libéralité. AV.

295 — ℞. CONSERVATO. AVG. Aigle sur un quadrige. AV.

296 **Sévère Alexandre**, *Mamée*. — *Maximin*. — *Balbin*. GB. 5 ps.

297 **Gordien III**. — *Philippe père*. — *Otacille*. — *Philippe fils*. GB. 4 ps.

298 **Gallien**. ℞. *OB. CONSERVAT. SALVT.* Hygie debout. AV.

299 **Tetricus père**. ℞. P. M. TR. P. II. COS. P. P. L'empereur tenant une lance et un globe. AV.

300 **Aurelien**. ℞. Victoire marchant tenant une palme et une couronne. AV.

301 **Tacite**. ℞. ROMAE. AETERNAE. Rome assise. AV.

302 **Probus**. Buste de l'empereur casqué, tenant une lance et un bouclier. ℞. SOLI. INVICTO. COMITI. AVG. Tête du Soleil. AV.

303 **Carinus**. ℞. VIRTVS. AVG. Hercule appuyé sur sa massue. AV.

304 **Constance Chlore**. ℞. COMITATVS. AVG. Deux cavaliers. AV.

305 **Maximien Galère**. ℞. Quatre soldats devant une castre prétorienne. AR.

306 — ℞. JOVI. CONS. CAES. Jupiter debout. AV.

307 **Constantin II**. ℞. VOTIS. XXX. MVLTIS. XXXX dans une couronne. AR.

308 **Zenon**, *Anastase*, *Maurice Tibère* et barbares. 6 quinaires. AV.

MONNAIES DU MOYEN-AGE.

309 **Ancone**. ℞. QVIRIACVS EPS. Buste du saint. AR.

312 **Asti**. Louis XII, écusson de France et Milan. ℞. Saint Second, avec la ville dans ses bras. (Leb. p. **263**, n. **10**, blanc.)

313 — Louis XII, écusson de France. ℞. Saint Second à cheval. (Leb. 263, n. 2, Cavalot.)

314 — Même type; le cavalier est à droite. Cavalot.

315 **Grimoald**, prince de Benevent. ℞. Charlemagne. DOMS. CAR. RX. Croix sur les degrés. Sol d'or.

316 **Grimoald**, avec le nom de Charlemagne. 1/3 sol d'or.

317 **Grimoald**, avec le nom de Charlemagne. 1/3 sol d'or.

318 — Sans le nom de Charlemagne. ℞. PRINCI. BONO. VITOR. Croix accostée des lettres G. R. 1/3 sol d'or.

319 — Pièce semblable. Sol d'or.

320 **Sico**, prince de Benevent. ℞. MICHAEL. ARCHANGELVS. ONO?. Saint Michel debout. Sol d'or.

321 **Bologne**. Denier. BONONI. dans le champ A. ℞. MATER STUDI. dans le champ ORVM.

322 **Corse**. Tête de Pascal Paoli. ℞. 4 soldi. 1766.

323 **Deciane**. P. B. D. F. COMES. DECIANE. Aigle héraldique. ℞. Saint Maurice debout. Teston.

324 **Barcelone**. Buste de Pierre-le-Cruel. ℞. CIVITAS. BARCHNONA. Grande croix. Gros d'argent.

325 **Espagne**. Écu d'or de Ferdinand et Elizabeth, leurs têtes affrontées.

326 **France**. 1/3 de sol d'or de Châlons. s/Saône ; rogné.

327 — *Charlemagne*, *Metullo*, *Louis-le-Débonnaire*, Christiana religio, *Lothaire*, roi. *Bourges*. 10 ps.

328 — Louis-le-Germanique. ɪ. XPISTIANA RELIGIO. Temple, grand type (denier).
329 — Pièce semblable. Denier.
330 — Écu d'or de Charles-le-Bel.
331 — Chaise de Philippe de Valois.
332 — Écu d'or de Charles VIII.
333 — Teston de François Ier. Buste avec la couronne de France. 2 pièces. Belles.
334 — Teston de François Ier. ℞. Écusson aux armes de France et de Dauphiné. Très-beau.
335 — Piéfort en argent du quart d'écu de Charles IX.
336 — Piéfort en argent du demi-franc d'Henri IV.
337 — Piéfort en argent du huitième d'écu de Louis XIV.
338 — Florin d'or d'*Avignon*. SANT. PETR M. fl. de lys.
339 **Provence**. Salut d'argent de Charles Ier, roi de Sicile et comte de Provence.
340 — Salut d'or de Charles II d'Anjou, roi de Sicile et comte de Provence.
341 — Salut d'argent du même. 2 ps.
342 — Gros d'argent de Robert, roi de Sicile et comte de Provence. 2 ps.
343 — Deux pièces semblables.
344 — Sol couronnat de Louis d'Anjou, de Robert d'Anjou, Sicile et Provence. AR.
345 **Valenciennes**. Demi-gros d'argent de Marguerite, comtesse de Hainault. Cavalier armé.
346 **Gênes**. Denier et obole. CVNRADI. REX. Croix. ℞. IANVA. Porte de la ville. 2 ps.
347 — Charles VIII. C. REX. FRANCOR. D. IAN. Porte de la ville accostée de deux fleurs-de-lis. AR. 1/2 gros.
348 — Écu d'or de Louis XII, avec le type français et la légende IANVE. D.
349 — Louis XII. LVDOVIC. REX. F. C. IAN. D. Porte de la ville accostée de deux fleurs-de-lis. ℞. Croix. Demi-ducaton. (Leb. pl. 263. n. 3. AR.
350 — Louis XII. Pièce semblable; mais au revers, dans les cantonnements de la croix, deux fleurs-de-lis.

351 — Louis XII. LV. REX. FRAN. C. IA. D. Porte de la ville surmontée d'une fleur-de-lis. Quart ducaton AR.

352 **Hongrie**. Mathias Corvin, florin d'or, 4 ps.

353 — Mathias II, écusson, florin d'or.

354 — Sigismond, écusson, florin d'or.

355 — Albert, écusson, florin d'or.

356 **Lombardie**. Écu d'or. LOMBARDIN. REGII. ℞. Le Christ soutenant la croix.

357 **Lorraine**. Teston du duc Antoine.

358 **Mantoue**. Demi teston du duc Vincent. ℞. Aigle, et une monnaie de billon de Charles VI, 1732. 2 ps.

359 **Milan**. Lothaire, empereur. MEDIOLA. en une seule ligne. Denier.

360 — Denier semblable.

361 — Denier. LODVIKO. IMP. Croix. ℞. XRIANA. ILIO. Dans le champ, en deux lignes, MDIOLA.

362 — Quart de ducat. Tête de face de saint Ambroise. ℞. MEDIOLANVM. dans un cercle à ogives. M. Gothique. AV.

363 — Pièce semblable.

364 — Demi gros d'argent. Saint Ambroise assis et tenant la crosse. ℞. Croix cantonnée de quatre points et quatre croissants. MEDIOLANVM. 5 ps.

365 — Demi gros d'argent. Pièce presque semblable. Il n'y a rien dans les cantonnements de la croix. Une autre avec quatre fleurons dans les cantonnements de la croix. 2 ps.

366 — Gros d'argent. HENRICVS. REX. Croix. ℞. MEDIOLANVM. Saint Ambroise assis.

367 — Galeas, Galeas Marie Sforze. Teston, gros et 1/2 gros. 5 ps.

368 — Charles VIII. Demi blanc. Ecusson de France et de Milan. ℞. Croix fleuronnée. (Lebl., pl. 263. 2.)

369 — Louis XII. Ducat d'argent. Écusson de France, accosté de deux lis. ℞. Saint Ambroise assis.

370 — Louis XII. Ducat d'argent. LVDOVICVS. DVX. AVRELIANESI. Tête à gauche du roi. ℞. MEDIOLANI. AC. AST. DNS. Écusson de France et Milan. P. 263. N. 2.

371 — Louis XII. Double ducat d'or. LVDOVICVS. D. G. FRANCOR. REX. Tête du roi. ℞. MEDIOLANI. DVX. Saint Ambroise à cheval, dessous écusson de France. (Lebl., pl. 263. N. 2.)

372 — Louis XII. Ducaton d'argent. LVDOVICVS. D. G. REX. FRANCORVM. Buste du roi à droite. ℞. MEDIOLANI. DVX. ET. G. Écusson de France et Milan. (Leb., pl. 263. N. 2.)

373 — Louis XII. Teston. Tête du roi. ℞. Saint Ambroise à cheval. Double ducat d'argent. (Leb., pl. 263. N. 2.)

374 — Blanc d'argent de Louis XII. LVDOVICVS. etc. Écusson de France, accosté de deux lis. ℞. Saint Ambroise assis.

375 — Demi-parpaillole de Louis XII. Écusson écartelé de France et Milan. ℞. MEDIOLANI. DVX. ET. G. Écusson mi-partie France et Milan. 2 ps. (Leb., pl. 263. N. 2.)

376 — Demi-parpaillole de Louis XII. Écusson de France. ℞. MEDIOLANI. DVX. ET. G. Croix fleuronnée. 2 ps.

377 — François Ier. Teston. FR. D. G. FRANCOR. R. Saint Ambroise assis. ℞. MEDIOLANI. etc. Écusson de France et de Milan.

378 — Teston de François Ier. FRANCISC. D. G. etc. Salamandre, au-dessus une couronne. ℞. Saint Ambroise derrière un écusson de France et de Milan.

379 — Demi-teston de François Ier. Salamandre sous une couronne. ℞. MEDIOLANI. DVX. ET. G.. Un grand F couronné.

380 — Double ducat d'or de Philippe II. 1158. Sa tête avec la couronne de fer. ℞. MEDIOLANI. D. Écusson de Sicile et de Milan. Une pièce de 5 soldi de Joseph II. 2 ps.

381 **Modène**. Louis XIV. LUD. XIV. D. G. FR. ET. N. REX. Buste du roi. ℞. Écusson de la ville. A. VIA. PER. VIA. MVTINAE. ANNO. MDCCIV. (Billon.)

382 — Pièce semblable en billon avec l'année M. D. CC. V.

383 **Naples**. Louis XII. Blanc d'argent. LVDO. FRAN. REGNIO. NEAP. R. Le roi assis tenant le sceptre et la main de justice. ℞. EXVLTENT. etc. Croix. 2 ps.

384 — Philippe II. PHILIP. R. ANG. FR. NEAP. PR. HI. Tête couronnée. ℞. FIDEI. DEFENSOR. dans une couronne. Blanc d'argent, et Charles II d'Espagne, frappé pour Naples. AR. 2 ps.

385 **Padoue**. Buste de Charles-Quint. ℞. SALVS. AVGVSTA.. Hygie et un fleuve couché à l'exergue PADV.

386 **Pavie**. Lothaire, empereur. ℞. PAPIA. en une ligne. Denier.

387 **Pise.** C. CAESAR. AVG. IMP. ROM. Buste de Frédéric. ℞ FRIDIRICVS. Aigle. Augustale d'or.

388 — Même type demi augustale d'or, et un denier d'argent du même. 2 ps.

389 **Rome**. Denier de l'empereur Arnould et du pape Étienne V.

390 — Sixte-Quint, son buste ℞. CONCIS CELEBRAV. AD. LATERA. Obélisque au milieu d'une place. AV.

391 **Salzbourg**. Ducat d'or de Paris, archevêque de Salzbourg. ℞. Saint Rudpert assis tenant la crosse.

392 **Servie**. Urosius et le Christ tenant ensemble une longue croix, Matapan. AR.

393 — **Sicile**. Tancrède. T accosté de deux points. ℞. Légende arabe. Petite monnaie d'or.

394 — Roger IC. XC. NIKH. Longue croix. Légende arabe. Petite monnaie d'or.

395 — Frédéric. Aigle. ℞ IC. XC. NIKA. Longue croix, monnaie d'or très-épaisse.

396 — Martin, le roi assis entre deux lions, Ferdinand, aigle. ℞. Écusson. 2 testons. AR. 2 ps.

397 — Charles-Quint Buste couronné. ℞. Ecusson. Buste lauré. ℞. Écusson. 2 testons. AR.

398 — Philippe II. Buste couronné, buste lauré. Teston, demi-teston, quart de teston. AR. 5 ps. variées.

399 — Ferdinand. Tête laurée. ℞. Écusson. 2 ducats d'or.

400 — Ferdinand. Buste. 4 ps. d'argent variées.

401 — 5 ps. d'argent semblables au lot précédent.

402 — Frédéric. 3 ps. d'argent variées.

403 **Saluces**. Louis (marquis). Teston avec la tête. Michel-Antoine, heaulme sur un écusson. AR. 4 ps.

404 **Sienne.** Grand S. ℞. Croix fleuronnée. Menard, comte du Tyrol. Jean-Jacques, marquis de Trivulce. AR. 3 ps.

405 **Venise**. Louis-le-Débonnaire. ℞. VENECIAS. en deux lignes.

406 — Pierre Ziani. Léonard Lauredan. Anonyme. 3 ps. AR.
407 — Une Arabe en or et une pièce barbare en or, tête entourée de 7 points.
408 **République italienne.** SCVDO. DA. LIRE. 5 dans une couronne. ℞. AGRICOLTVRA. E. COMMERCIO. Caducé ailé, entouré de deux serpents. ANNO. II. AR.
409 — Pièce semblable. SOLDI. 30. AR.
410 — Pièce semblable. SOLDI. 10. AR.
411 — 5. LIRE. dans une couronne. DENARI. 20. 2 LIRE DENARI. 8. 1. LIRA. DENARI. 4. 10 SOLDI. DENARI. 2. 5 SOLDI. DEN. 1. SOLDO. DENARI. 10. 1/2 SOLDO. DENARI. 5. MEZZO SOLDO DENARI 5. CENTESIMO. DENARI. 2. ℞. REPVBLICA. ITALIANA.
Balance, épée et rameau. Série très-belle et très-rare, composée de 5 pièces en argent, et de 5 pièces en cuivre.
412 — Même type. SOLDO. 1/2 SOLDO. $\frac{3}{100}$. $\frac{1}{100}$. 4 ps. en cuivre.
413 — REPVBLICA. ITALIANA. Gerbe d'épis. 2 épis. 1 épi. SOLDO. DA. DENARI. 5. DENARI. 2. DENARO. 5 ps. en cuivre.
414 **Gouvernement provisoire de la Lombardie.** 40 LIRE ITALIENNE. 20 LIRE. 5 LIRE. 2 LIRE. 1848. 2 pièces d'or et 2 d'argent.
515 — 40 LIRE. 5 LIRE. 1 pièce d'argent.
416 **République de Venise.** 20. LIRE. 5 LIRE. 1848. 1 pièce d'or, 1 pièce d'argent.
417 **République romaine.** 1849. DIO. E. POPOLO. Aigle. ℞. 40. 16. 8. 4. 3. BAIOCCHI. 1 1/2 BAIOCCHO. 7 pièces billon et cuivre.
418 — Une série semblable.

PIÈCES DE SIÈGE.

419 **Cattaro.** 1813. N couronné. 10 F. 5 F. 1 F. 3 ps. AR.
420 **Zara.** 1813. Aigle couronné. ℞. 4. 0. 18 F 40 C 2. 0. 9 F 20 C 1. 0. 4 F 60 C 3 ps. R.
421 — Semblable. ℞. 4. 0. 18 F 40 C 1 pièce.
422 **Vienne.** Assiégée par les Turcs. 1529. AR. Lille. XX. S. Æ. 2 ps.

MÉDAILLES.

423 Argent doré, représentant le Serment des trois Suisses.
424 Grande médaille d'argent pour la mort de Gustave-Adolphe, en 1632
425 Grande médaille dite de visite à la Monnaie, représentant Louis-Philippe et toute sa famille. AR.
426 Sous ce numéro, on vendra des médailles non cataloguées.

Renou et Maulde, imprimeurs de la Compagnie des Commissaires-Priseurs, rue de Rivoli, 144. 8414

www.ingramcontent.com/pod-product-compliance
Lightning Source LLC
LaVergne TN
LVHW010253230826
846091LV00007B/2949

* 9 7 8 2 3 2 9 2 2 2 7 9 0 *